JN439192

장병선 시조집

교음사

장병선(張炳善)

경북 영천 출생
시조시인 · 수필가 · 문학평론가

한국문인협회 · 국제PEN한국본부
한국시조시인협회 · 한국수필문학가협회
(사)창작수필문인회 · 문예춘추문인회
문학생활회 · 여강시가회 회원

제76차 국제펜클럽 도쿄대회에서 자작시조 낭송 (2010)
생육신 원호 선생 추모 제1회 전국시조백일장 입선 (2015)
제3회 여강시가회 시조문학상 수상 (2017)
원천석 선생 추모 제3회 전국시조백일장 입선 (2017)

시조집: 『꿈나무의 향연』, 『물의 노래』
수필집: 『오동나무 그 결처럼』 외 6권
수필선집: 『스타벅스 가는 길』 (교음사 한국현대수필작가 대표작 선집)
『팽이는 돌아야 아름답다』 (수필과비평사 현대수필가 100인선 )

내 안에서
나를 흔드는
꽃이여

藝仁山房主人

머리시

# 물의 노래

장병선

가지산 산내천에
구르는 구슬소리
단풍도 연주하며
온산이 출렁인다
이따금
구름도 안고
덩실 덩실 춤춘다

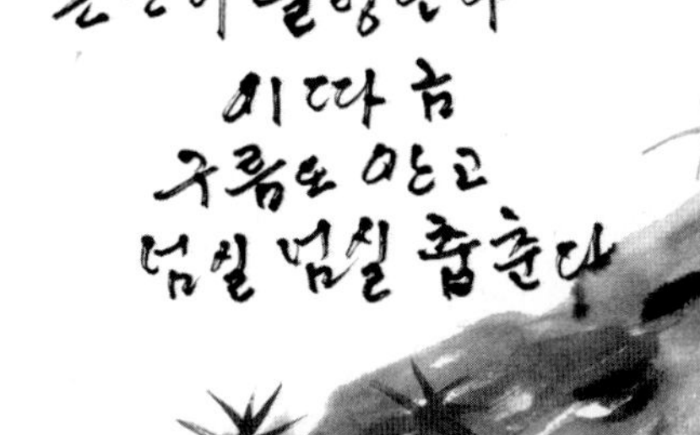

*가지산(加智山): 청도군과 밀양시, 울산시 경계의 산,
높이 1,240m로 구연·홍류 폭포가 있는 경남 도립공원

물의 노래



## 1. 집 난리

## 2. 세태

## 3. 안쓰러운 날

## 4. 트레블 버블

## 5. 차를 끓이며

## 6. 해바라기

## 7. 논두렁길

## 8. 빨래

## 9. 김영란법

# 1

# 집 난리

# 봄 찬가

눈 녹은 공원 숲은
새들의 노래방

저마다 십팔번을
시새워 뽑아낸다

나무도
흥에 겨워서
귀를 열며 춤춘다

# 마음

얼굴을 볼 수 없는
바다처럼 넓은 아량

정 하나 꽃피우면
온몸이 화끈화끈

정말로
귀한 것들은
우리 눈에 안 보여

# 장마

구름도 힘에 겨워
짐 더는 어제오늘

허기진 뭇 생명이
잔칫상 받은 모양

온 산야
흠뻑 젖은 환희
봇물 되어 흐른다

# 광화문 광장에서

피켓 든 규탄 함성
지축을 뒤흔드니

북악산 산울림 해
남산이 들썩인다

충무공
깜짝 놀라서
짚은 장검 고쳐 쥔다

# 까치밥

옷 벗은 빈 가지에
빨간 등 흔들린다

동천(冬天)의 나그네를
손꼽아 기다린다

언제쯤
콕 쪼아 줄까,
속마음이 조마조마

# 흔들리는 나뭇가지

빈 하늘
노트 삼아
온종일 글을 쓴다

썼다가
지우고
지웠다가 다시 쓴다

그토록
말하기 어려운
그 아픔을 난 몰라

# 한우(韓牛)

끌던 쟁기 소달구지
제 일터 다 내주고

감옥 같은 우리에서
제 살을 살찌운다

그 명성
'한국 불고기'
지켜주는 애국자

# 고추장

꽁보리밥 목 넘기던
어머니의 매운 장이

코 큰이 즐겨 먹는
비빔밥 소스 됐다

조상이
물려준 유산
한글처럼 빛난다

# 재생

싯누런 쇠붙이가
대장간 출두한다

번갯불 번쩍이듯
몰매 맞고 젊어진다

시련을
받아들이니
새 세상이 열린다

## 벽시계

못 잊어 걸어온 길
또 걷고 다시 돌까

그 시각 찰각찰각
품 안에 주워 담아

때때로
잠이 들까 봐
종을 치며 몸 푼다

# 미투(me too)

찢긴 살 삼킨 피멍
곳곳에 객혈한다

별의별 갑질한 이
별똥별로 떨어진다

스스로
파놓은 무덤에
걸릴 줄을 몰랐나

# 버드나무

물가에 터를 잡고
다산을 자랑한다

실 같은 손끝으로
호수에 시를 쓴다

자손이
많은 집안이라
천재도 있나 보다

# 빈 들

한때는 만석꾼도
안 부럽던 황금벌판

주인이 출가하니
객들이 짹짹댄다

바람도
몸 둘 데 없어
빙빙 돌다 떠난다

## 가을밤

낙엽도 쓸쓸하여
뒹구는 앞 뜨락에

달님이 눈을 뜨니
놀란 개 멍멍댄다

행여나
익은 소리가
들려올까 귀 연다

# 백세시대

궁팔십* 넘어서니
정권 말기 따로 없다

머잖아 너나없이
달 구경 간다는데

괜스레
역발산 힘을
일찌감치 다 썼네!

*궁팔십(窮八十): 가난하게 사는 삶을 이르는 말

# 원추리꽃

불볕을
마시고서
우르르 피어나고

가슴도
한껏 펼쳐
그 임을 맞이하여

빗장 푼
어깨 어깨를
뜬금없이 으쓱대는

# 단풍

추객(秋客)이 성큼 왔네
섬에도 산야에도

천연색 꽃잎 옷을
갈아입고 오신 임들

세상이
부글부글 끓어도
제 색깔로 반기는

# 소망

무슨 죄지었기에
집에만 가두는가

두 해가 지나가도
사면도 없나 보다

이제는
분을 푸시고
석방하게 하소서

# 구애

아지랑이 아늘아늘
가슴을 부풀리면

이 골에 짹짹 짹짹
저 골에 뻐꾹 뻐꾹

짝 찾는
나팔 소리가
산골짝을 흔든다

# 집 난리

지어도
올라가도
집 한 칸 없는 청춘

2억 원
빌려서도
엄두도 못 내는 방

짝짓기
저문 마당에
장맛비가 내린다

# 2

# 세태

## 아듀, 2019

댕그랑 땡그랑~
이웃사랑 쌓여간다

광화문 서초 거리
지축을 울린 성토

새해엔
그 사연 풍악이 돼
방방곡곡 울렸으면

# 천하태평

북방은 버섯구름
동방은 태풍 인다

갈수록 휘말리는
꽃 피운 금수강산

한강은
왜 말이 없이
그냥 흘러 가는가

# 애차(愛車)에게

십여 년 가시밭길
말처럼 잘 뛰었네

인명이 고무줄 돼
갈수록 늘어지니

당신이
나보다 먼저,
아파하면 안 돼요

## 상처 난 사과

비바람 거센 풍랑
겪어온 나의 얼굴

얼룩은 좀 있어도
살결은 포동포동

맛봐요
어서 맛봐요
내 속살의 꿀맛을

# 경칩 즈음

남녘 손 찾아오니
언 땅이 몸을 푼다

갯버들 뽀송뽀송
붓촉을 뽑아든다

광화문
촛불, 맞불에도
그 손님이 오셨으면

# 주름

거울 속 움푹 팬
밭고랑 서너 갈래

수많은 비바람이
흘러간 자국이다

아니야
신이 내리신
아름다운 훈장이야

# 봄, 왔으면

긴 굴을 빠져 나니
어린 햇살 낭창낭창

뭇 생명 잠을 깨어
새 움이 볼록볼록

함성이
북악산을 울리는
광장에도 봄, 왔으면

# 만리포 물결

온종일 찻물 끓듯
울렁대는 푸른 연정

뭍 가슴 핥고 핥아도
거품만 이는 나날

뒤돌아
흘리는 눈물
백사장을 적신다

# 서오릉에서

새들도 굽어보는
우뚝한 봉분들이

이슬을 말리느라
햇살이 분주하다

한 시대
빛났던 별들
석마들이 지켜주네

# 고사리

꽃 없는 한평생을
숲에서 살아간다

귀신도 좋아하여
제상에 오르는 몸

어제도
목 잘렸지만
부추처럼 또 솟는다

## 발효(醱酵)

불룩한 항아리에
정성이 익어간다

거품이 부글부글
복통을 앓고 있다

속앓이
속앓이 진액인가
속속들이 진미다

# 날씨

지구를 웃겼다가
울리는 요술쟁이

천하를 얼리다가
불볕을 꽃피운다

인간을
닮아가는가
온 세상을 쥐락펴락

# 일침

나이로 길이 막혀
리모컨 주인 된다

허구한 날 남의 삶만
구름처럼 쳐다본다

여백이
그림이듯이
여생도 당신 그림

# 폭염

열 받고 열을 주나
불타는 어제오늘

강물도 찻물 끓듯
물고기 눕는 아픔

인간이
뱉은 열기를
되돌리는 저 하늘

# 대추

추석 상 첫 자리에
기어이 앉으려고

불더위 무릅쓰고
후손을 주렁주렁

말갛게
하늘 높은 날
연지 곤지 찍으며

# 나팔꽃

이슬로 온몸 씻고
기상 나팔 불어댄다

오세요 임아 어서
목놓아 부르다가

한낮엔
남사스러워
슬그머니 입 다문

# 아지랑이

코로나 팬데믹에
겁 없이 찾아온다

아른아른 춤을 추며
슬금슬금 스며든다

가슴을
간질이면서
잠든 나를 깨운다

## 흐르는 구름

선산이 서쪽인지
해 따라 흘러간다

걸음을 머뭇대며
아쉬워 뒤를 본다

구름도
제 삶이 부끄러워
그림자도 거둔다

# 지원금

점 복자(卜字) 계절이면
복비가 찔금찔금

원천이 내 쌈진데
엄뜬 이 주인 행세

뽑기도
과학이 되어
알다가도 모를 일

# 세태

범죄의 소굴인 양
허구한 날 수사 논쟁

천 길을 후벼 파도
땡전 한 닢 없는 초토(焦土)

이러다
보릿고개가
또 올까 봐 속 탄다

# 3

# 안쓰러운 날

# 서울의 호박

주차장 철망 울에
온몸을 풀어놓고

고향 땅 그리워서
덩굴손 저어댄다

온종일
노랑 나팔 불다가
잠이 드는 나그네

# 주먹밥

어머니 정성 뭉친
소풍 날 점심 한 끼

짝꿍과 마주 앉아
이쪽저쪽 나눠 먹던

껌처럼
씹던 그 맛을
이제까지 쩝쩝댄다

# 컵라면

꼬칫갉* 덮어쓰고
갇힌 삶 허구한 날

더운물 한 잔 마셔
새 세상 팔자 편다

후루룩
고개 넘어서
마음속을 데우는

*꼬칫갉: '고춧가루'의 방언(경상)

## 불두화(佛頭花)

산사에 주먹밥이
주렁주렁 달려있다

꽃 피워도 무성(無性)이라
열매 맺지 못할 운명

아쉬워
머리 깎고서
고깔 쓰고 산단다

## 단추

구멍에 들어서면
상대와 한 몸 된다

거기를 벗어나면
묵묵히 기다린다

이만한
천생연분이
이 세상에 또 있을까

# 초롱꽃

산자락 외진 곳에
등불 켠 상여꾼들

무슨 죄지었기에
얼굴을 못 드실까

매미도
목청을 높여
곡비*처럼 울어주네

*곡비(哭婢): 양반의 장례 때, 주인을 대신하여 곡하던 계집종

# 빗소리

잠 깨니 주룩주룩
하늘이 울고 있다

우레가 번쩍이며
북쪽 대기 심상찮다

스스로
땅을 치면서
뭇 생명을 일깨운다

# 섬

짠물에 안기어서
오는 임 기다린다

쉼 없이 다가오는
가쁜 숨 잠재운다

오늘도
갈매기 벗 삼아
출렁대는 젖가슴

# 참새

독기에 굶주리다
포르르 날아와서

뒹구는 애벌레에
방아를 찧고 있다

허기진
한 끼 채우며
또 하루를 건넌다

# 뭉게구름

끝없는 텅 빈 하늘
솜꽃이 활활 핀다

갈 바람 풍악 삼아
두둥실 춤을 추니

덩달아
나의 항해도
둥실둥실 흥겹다

# 해님

늙지도 않은가 봐
빙그레 웃는 얼굴

주는 걸 즐기나 봐
제 체온 쏟아준다

밤이면 피곤하나 봐
바닷속에 잠드니

## 빨강등대

해님 옷 차려입고
오는 손 길 밝히며

바다 손 손짓하여
갯벌을 살찌운다

한 생을
탑처럼 서서
오이도를 빛내네

# 작은 행복

흙 한 톨 반 뼘 옮겨
통쾌한 개미군단

떠오른 시어 하나
무릎 친 늙은 시인

행과 복
뒤돌아보니
별과 같이 많았네

## 로봇

새처럼 떠다니며
일하는 첨단 일꾼

남의 살 떼어내어
빈자리 메워준다

소처럼
일을 하면서
우리 밥통 앗아간다

## 이 가을에

벼 이삭 볼록볼록
수수 알 주렁주렁

올 내내 구름 잡던
내 손엔 쭉정들만

청천에
새 한 마리가
갈 곳 몰라 헤맨다

# 능소화

누구를 기다릴까
담 넘어 손 내밀고

염원을 활짝 피워
그리움 불태운다

온 여름
비상 등불에
골목길이 환하다

# 오월

계절의 여왕이라
해님도 불볕 내려

뭇 생명 푸릇푸릇
살지고 키가 큰다

장미도
오월이 좋아
속속들이 다 보인다

# 강물은

인간은 위로 위로
올라가 외로운데

강물은 아래로만
흘러서 활기차다

오대양
품에 안겨서
고래 등도 더듬고

# 여름

구름이 설핏설핏
그림자 거둬가면

천둥이 뒤따르며
속울음 터뜨린다

그 눈물
들이마시며
뭇 생명이 춤춘다

# 안쓰러운 날

모란이 가슴 연 날
소낙비 쏟아진다

벌 나비 아니 오고
꽃잎만 물먹는다

주인도
어쩔 수 없어
낭인처럼 서성인다

# 4

# 트레블 버블

# 옥수수

대처럼 곧은 몸매
어느새 훌쩍 컸다

후손이 이빨같이
빽빽이 박혀있는

당신의
다산 비법을
전수하고 싶구나

# 어떤 착각

가로에 연분홍 꽃
불난 듯 피어난다

그 얼굴 놓칠세라
여의도가 넘쳐나니

나비도
벌 떼도 갸웃한다
우리 날에 웬 불청객!

## 임진강의 여정(旅程)

마식령* 낳은 물을
품 안에 고이 안고

뭇 생명 젖 먹이며
가슴이 울렁출렁

한수(漢水)에
몸을 섞어서
어화둥둥 춤춘다

*마식령(馬息嶺): 함경남도 문천군에 있는 고개

## 고층 아파트

치솟는 층층 집이
산허리를 굽어본다

다람쥐 깜짝 놀라
땅속에 파고 든다

높은 데
살아가면서
갑질하는 너와 나

# 잡초

풋내가 물씬 난다
새순이 동강 나는

제초기 칼날 따라
눈처럼 날리는 목

성장이
죄가 되는 삶
인세(人世)에서 번졌나

# 저물녘에

해님이 쌓인 피로
바닷물에 풀어 놓고

갈매기도 지쳤는지
제집을 찾아간다

강산에
어둠 내리고
항구는 아직 멀다

# 배추의 절정

된서리 맞고서야
통통히 살이 찐다

왕소금 고추 양념
먹어야 속 맛난다

너와 나
깔딱고개 넘어야
인간미가 생긴다

# 마포대교

무슨 죄, 지었기에
물구나무 기합받나

너와 나 그 등 타고
오가며 불을 땐다

강물도
내 마음 읽고
굽신대며 흐른다

# 장독

볕 바른 안마당에
신주처럼 모신 맛 샘

대대로 보탠 손맛
샘하듯 뽀글댄다

엄마가
손을 빨며 맛 재던
쩝쩝 소리 들린다

# 눈(雪)

한 생을 살아가며
안색 한번 안 바꾸고

이 세상 상처 자국
이불처럼 덮어준다

하늘도
햇볕을 내려
빗물처럼 거듭나네

## 겨울나무

입은 옷 다 떨구고
팔마저 잘린 채로

언 땅속 물기 빨며
탑처럼 묵도한다

꽃 시절
꽃 시절 그리며
설한풍을 견디네

# 자연 순리

나무가 벌거벗자
눈이 와 옷 입힌다

춘기가 눈 녹이면
잎이 펴 가려준다

우리가
배워가야 할
마음씨의 덕목이다

# 섣달그믐에

해님이 껌벅껌벅
서산에 머뭇대며

딱하듯 물어본다
올 한 해 잘 살았소

뒤돌아
고쳐 살려는데
빈 무대가 묻힌다

# 송년회에서

뉘게나 아쉬움이
눈처럼 쌓이는 날

미련을 잔에 채워
물같이 들이키니

올해도
못 채운 허기
태엽처럼 감긴다

# 동백나무

염풍(鹽風)만 찾아오는
벼랑에 발붙이고

맘 겨운 갈증들을
피멍으로 꽃피운다

그리며
발돋움하며
기다리는 여인아

# 생강나무꽃

한겨울 깊은 산속
샛노란 깃발 단다

뉘보다 먼저라는
절체절명 사명 띠고

온 산야
잠 깨우려고
뜬눈으로 밤새는

# 봄, 기지개 켜는

언 땅도 즐거워서
이불을 걷어낸다

뭇 생명 눈 비비며
염원을 싹틔우니

새들도
후르르 날아와
야단법석 떨겠네

# 저수지

물 안고 물 보듬어
젖 주듯 내리사랑

가진 것 다 내주고
제 속이 갈라질 때

하느님
깜짝 놀라서
생명수를 내린다

# 인생 겨울

텅텅 빈 너른 들판
찬바람만 불어온다

기러기 한 쌍이 와
푸드덕 몸을 푼다

아직도
불끈 불붙는
내 가슴이 고마워라

## 트래블 버블*

발 묶인 코로나 땅
하늘길 열린단다

여행주(株) 펄펄 끓고
단체 표 바닥났다

화이자
졸업한 나도
딸네 집에 가겠네

*트래블 버블(Travel bubble): 코로나 방역 우수 국가 간에 안전막을 형성해 서로 여행을 허용하는 협약

# 5

# 차를 끓이며

# 인절미

절구에 드러누워
사지를 쭉 뻗는다

무슨 죄를 지었기에
몰매를 맞고 있나

정객을
닮아 가는지
때릴수록 뭉친다

# 올여름

주중은 불볕더위
주말은 소낙비다

하늘이 판결하는
대기오염 형벌일까

구름도
고개 끄덕이고
눈물지며 흘러간다

## 매듭, 풀리지 않는

얽히고 꼬인 넝쿨
하늘이 안 보인다

수많은 주의 주장
북두성 앵돌았다*

이따금
쏘아 올리는 불꽃
지구촌을 흔든다

*앵돌았다: 북두칠성이 제자리를 떠나서 획 돌아갔다는 뜻으로, 일이 그릇되고 틀어지어 낭패되었음을 비유적으로 이르는 말

# 복숭아

볼록한 둥근 얼굴
볼그레 익어간다

달콤한 감칠 살집
침 꼴깍 넘어간다

내 삶도
저래 맛있게
숙성되어 가겠네

# 폭풍우

바람이 화가 났나
세간을 부숴댄다

빗줄기 비상 걸어
온누리 공격한다

참아요
원한 풀어요
조심조심 살게요

# 쓸쓸한 계절

대설에 안 오신 임
성탄에도 못 오시네

지구를 데운 이가
우리네 인간이다

이러다
후손이 눈 모르고
살아가지 않을까

## 배경 음악

주인공 맞으려고
제 목청 낮추는 이

분위기 돋아 주어
어깨춤 추게 한다

그이가
태산을 울리는
그늘 자리 지휘자

# 나리꽃

쭉 뻗은 곧은 몸매
산비탈 불 밝힌다

대문을 활짝 열고
제 속을 다 보이네

오늘도
몸을 흔들며
패션쇼를 하는 이

# 보도블록

맨땅에 몸을 눕혀
살점이 깎여간다

뭇사람 발판 되어
댓돌처럼 받쳐준다

밤이면
가로등불이
긁힌 생을 핥는다

## 영국군 전적비에서

북진하다 산화한 꿈
산자락에 묻어 놓고

고향이 그리워서
통일이 아쉬워서

그 영혼
온종일 빼꾹 빼꾹
설마계곡* 적신다

*설마계곡: 6·25전쟁 중 설마리 전투에서
영국군 1개 대대가 포위돼 전사한 곳

# 물왕저수지*

청산이 햇살 안고
물속에 누워 있다

가슴을 일렁이며
정염을 울렁출렁

뫼 품고
춤추며 사니
늙을 줄을 모르네

*물왕저수지: 시흥시 물왕동에 있는 산속의 담수호

# 리모컨

우리집 요술쟁이
누르면 열리는 창

바닷속 짝짓기도
달님의 눈웃음도

그대 맘
읽을 수 있는
그 무대는 어딜까

# 볼트와 너트

궁합이 척척 맞아
틈 하나 안 보이고

조이면 조일수록
톱니처럼 맞물린다

이만한
천생연분을
어디 가서 만날까

# 이발

풍상이 낳은 은발
자르니 시원하다

얼굴도 해님처럼
행복한 웃음 짓네

풀같이
웃자란 욕망
벌초하면 개운할까

# 인천공항에서

별 같은 사연 안고
물결처럼 출렁인다

꼬부랑 말소리와
낯설은 면면이네

언젠가
달나라에서
어우러질 이웃들

# 참나리꽃

햇살이 소곤거려
꽃대가 솟구친다

점점이 비빈 흔적
보란 듯 내세운다

그리도
좋아서인지
산자락이 환하다

# 이슬

수크령 잎새마다
옥구슬 주렁주렁

해 뜨면 부끄러워
또르르 살아진다

밤새껏
임을 그리던
귀뚜라미 눈물인가

# 과욕

몰아친 비바람에
제 무게 못 견디고

속절없이 드러누운
다산의 만삭인 벼

과하면
쓰러진다는
진실 하나 얻는다

# 콩돌*

밀리고 휩쓸려도
안 떠난 탯줄 터전

귀 다리 다 내주고
거친 살 깎아 낸다

비로소
누구에게나
반듯하게 대하는

*콩돌: 백령도 콩돌해안에 있는 매끄럽고 둥근 자갈

# 차를 끓이며

바깥이 추울수록
그리움 사무친다

바람이 창 흔들면
그댄가 가슴 철렁

고독이
차향에 실려
마음속을 적신다

# 6

# 해바라기

## 봄 오는 소리

아지랑이 하늘하늘
종다리 지지배배

땅 풀린 도랑물이
졸졸졸 노래한다

어디서
장끼가 꿩 꿩
개나리도 눈 뜬다

# 멸치

떼 지어 살아가고
남 앞에 안 나선다

죽어서도 뼈대 하나
조상같이 챙겨가며

가진 것
몽땅 우려내
국물 꽃을 피운다

## 숙성

왕소금 품은 된장
부글부글 속 끓는다

고춧가루 안은 배추
야들야들 익어간다

세상의
짜고 매운 삶
삭혀가는 고갯심

## 설마

뜬금없이 쏘는 괴물
나에게 오겠는가

강토에 버섯구름
떨구게 하겠는가

총알이
피해간다는 말
믿고 살면 될는지

# 갈대

강변을 휘감으며
뜬구름 손짓한다

무용수 닮았는지
온종일 춤을 춘다

보기엔
나약해 뵈도
수천만 번 일어서는

# 은행나무의 수난

어멈이
참형 받아
어디로 실려 간다

자식을
지키려는
악취가 죄목이다

영장(靈長)의
판결 오류가
여기에도 또 있네

## 뭇국

채 썰어 잘린 살결
곰국 끓듯 요동친다

제맛을 다 짜내어
국물 맛 더해준다

이것 참
시원하구나
그 한마디 들으려고

# 새해 아침에

해 솟는 너른 바다
통통배 하나인 나

틈새를 이은 못이
헐렁이면 뒤집힌다

나사를
바짝 조인다
출항의 깃발 들고

# 알밤의 말

깍지 속 익은 알알
세상을 맞이한다

다갈색 얼굴에는
자르르 윤이 난다

참으로
좋은 세상이네
청정 하늘 빛나는

## 첫눈

어젯밤 몰래 온 임
온 몸이 하얀 살결

눈부신 그대 모습
속까지 맑고 곱다

저처럼
고우신 심성
너뿐이지 싶구나

# 마음결

백발의 할머니도
절벽 앞에 엄마 엄마

어릴 적 떠난 고향
팔순에도 영화 한 편

일월이
눈처럼 쌓여도
늙지 않는 마음결

# 농막에서

포르르 빈작(賓雀) 드니
주목이 춤을 추네

내리는 해꽃들을
냇물이 품어 가고

산바람
안겨드는 그리움
내 가슴을 흔든다

# 사철나무

일생을 바다처럼
푸르게 살아간다

하늘을 우러르며
담 같이 경계 서며

햇살에
잎잎이 별이 돼
보석처럼 빛난다

## 모르쇠

부스스 눈 비비면
해님이 빵끗 웃고

밭 갈고 돌아오면
쉬라고 어둠 준다

이만한
복 받으면서
고마운 줄 모른 나

# 맥문동의 겨울

눈 안고 누운 채로
시간을 재고 있다

진달래 벙그는 날
다소곳이 일어설 꿈

아픔이
누선(淚腺)을 넘지 못해
방울방울 맺힌다

# 소금

오대양 물결 따라
출렁출렁 춤을 춘다

염밭에 갇히면서
하얀 옷 갈아입고

눈(雪)처럼
몸 녹이더니
오만 가지 맛 내는

# 청개구리

풀색 옷 차려입고
황소 눈알 뒹굴린다

울음보 터뜨려서
그 임과 손잡는다

논물을
침낭 삼아서
하룻밤이 꿈같다

# 분수

한여름
하늘 향해
널 뛰듯 솟구친다

탐욕을
솎아내고
앙금을 드러낸다

온 세상
시원하구나
얽힌 매듭 풀어내니

# 손전화

데이터 부자이다
별처럼 많은 소식

이름만 찍어주면
주르르 떠오른다

하루도
보지 않으면
못 견디는 그 얼굴

# 해바라기

해님이 좋은가 봐
그쪽만 쳐다본다

불같은 정을 받아
알알이 익혀간다

다산(多産)이
돈 받는 줄을
진즉 알고 있었나

# 7

# 논두렁길

## 카톡

문패를 두드리면
살처럼 답이 오고

보고픈 낌새 주면
달 같은 얼굴 뜬다

이러다
만날 일 뜸할까 봐
걱정이 태산이다

# 겨울 감자

설한풍 몰아치는
창가에 몸을 푼다

신문지 이불 삼아
눈 뜨는 질긴 생명

끝내는
허기진 우리 배를
제 생살로 달랜다

## 시조 쓰다가

자판을 두드리다
실타래 뒤엉키어

녹차를 홀짝이며
실마리 더듬는다

결말은
늘 월척 낚기
요동치는 낚싯대

# 핑크 뮬리

그 누구 만나려고
한반도에 찾아왔나

푸르른 하늘 이고
솜털의 꽃피운다

연분홍
잔잔한 물결
뭇 가슴을 흔든다

## 사월이면

수십만 앵화*들이
줄을 서 사열한다

뭇 손님 불러놓고
제 가슴 살짝 열며

줄지은
연분홍 패션쇼에
여의도가 휘청한다

*앵화: 벚꽃

# 망구(望九)에 서서

자갈길 바윗길을
달려온 3만여 일

쌓인 건 돌무더기
듬성듬성 간극이다

이 엄동
매조지 할 일
파도처럼 밀려온다

# 놓치는 인연

전철역 출구마다
영상에 못 박은 눈

별처럼 반짝이는
세상사 찾는 사이

인파가
내 임을 싣고
어디론가 떠나네

## 뒷짐지기

주인은 채움보다
퍼주기 연연하고

일꾼은 들판 떠나
먼 옥토 찾고 있다

이러다
보릿고개 또 올까
초근목피 벌벌 떤다

# 포인세티아

눈보라 휘날리면
임처럼 찾아오는

꽃 아닌 잎새들이
꽃처럼 행세한다

립스틱
빨강 입술로
우리 마음 데운다

# 비 오는 날에

할매의 좌판에는
눈물이 주룩주룩

할배의 벼 논에는
웃음이 싱글벙글

우리 삶
아파도 살만하다
희로애락 짝지으니

# 표심 잡기

철 되면 버섯같이
머리 드는 선남선녀

저마다 옥이라며
마이크 동이 난다

보석은
말이 없어도
살별처럼 빛나는 법

# 가로수

한뉘를 한자리서
누구를 기다리나

햇살을 따서 먹고
제 몸을 살찌운다

청치마
펄럭이면서
지친 길손 품는다

## 매듭

씨줄 날줄 손을 잡고
한 몸처럼 묶여 있다

닿을수록 촘촘하고
걸을수록 더 조인다

내 삶의
가닥 가닥이
예처럼 맺혔으면

## 접시꽃

길가에 술잔 들고
누구를 기다릴까

층층이 훈장 달고
대처럼 꼿꼿하다

한여름
가슴을 열고
방긋방긋 웃는다

# 당산나무

그림자 키우고자
저토록 품이 클까

불볕을 가리고서
뭇 손을 맞이한다

조용히
귀 기울이며
세상 물정 엿듣는

# 배롱나무꽃

한여름 공원 한쪽
립스틱 바른 여인

불볕에 가슴 데워
방그레 웃고 있다

누구를
기다리시나
담장 너머 기웃대며

# 의자

네 다리 바닥 딛고
쉬어 가길 기다린다

남녀노소 차별 없이
앉는 이 주인 된다

힘겨운
인생살이도
당신 있어 살만하다

# 자판기

수전노 따로없다
동전닢 좋아한다

땡전을 넣어주면
덜커덩 답해준다

알아서
하지 못하고
명령 따라 사는 이

# 경로당 풍경

논밭에 못 가는 이
제집처럼 찾아온다

세상 얘기 콩 볶다가
막걸리잔 순배 돌면

음(音) 바랜
유행 가락에
신명 나는 큰 일꾼

# 논두렁길

고향 들
옮겨온 듯
바람도 그 맛이네

논물에
내린 구름
나 따라 발맞춘다

아버지
수군포* 메고
단비 읽던 기우(祈雨) 길

*수군포: '삽'의 경상도 방언

# 8

# 빨래

## 청계천의 하오

물결이
햇살 싣고
구슬처럼 굴러간다

구름도
내려와서
물 따라 흘러간다

피라미
헤엄치는 소리
그마저도 가고 마네

## 동백꽃

선홍빛 맑은 순결
잎 속에 고이 감춰

절정에 다가서면
툭툭툭 요절한다

절개를
명(命)으로 지킨
그 생애에 해가 뜬다

# 깔딱고개

나무도 기운 산등
길 하나 뻗어 있다

땀으로 미역 감고
숨차서 헉헉댄다

희망봉
오르는 아픔을
인제서야 알겠네

# 스마트 가로등

주위가 어둑하면
스스로 불 밝힌다

밝기도 조절하고
교통량 파악한다

등마저
똑똑한 시대
희미해진 내 모습

# 등대

올빼미 닮았는지
밤이면 생기 돈다

춤추는 물결 위에
붉은 카펫 깔아놓고

수평선
바라보면서
뱅글뱅글 웃는 이

# 연하장

세월이 흘러 흘러
맘마저 식었는가

이맘때 주고받던
카드가 안 보인다

그때는
온돌방 마음
돌아보니 좋은 시절

## 조경수를 키우며

메인 일 다 끝내고
내 길로 들어선다

묵밭에 꿈을 심어
정성을 들여간다

빈속에
푸른 희망이
마디마다 싹튼다

# 꿀잠

대낮에 책 읽다가
어느새 잠이 들다

깨 보니 한 시간이
나 없이 흘러갔다

아쉽다
그 봄 한 조각
어디에서 찾을까

# 떡갈나무잎

다 벗은 산비탈에
떨켜를 움켜잡고

온몸을 요동치며
설한풍 견뎌낸다

떼려야
뗄 수가 없는
피붙이의 내리사랑

## 한강의 세밑 풍경

강물은 얼다 말고
쩡쩡 대며 울고 있다

오리 떼 오가면서
물 한 모금 줍는 사이

하늘도
눈발을 내려
신년사를 쓰고 있다

## 제야(除夜)에

빼곡히 적힌 달력
한 타로 묶으면서

장마다 펼쳐봐도
지름길 하나 없다

잔뜩 낀
북녘의 구름
개일 날은 언젠가

# 겨울 참새들

감나무 빈 가지에
벌떼처럼 모여들어

들판에 뿌린 독기
성토를 하고 있다

더 이상
못 참겠다는
민초들의 재잘거림

# 대파

대처럼 올곧고자
속까지 다 비우고

열나면 제맛 두고
단맛으로 승부 건다

풍파에
춤출 줄 아는
세상살이 명수다

# 수양버들

팔 뻗어 붓질한다
바람이 부는 대로

쓰다가 지우다가
호수에 다시 쓴 시

구름도
걸음을 멈춰
흥에 겨워 읊는다

## 서랍을 정리하며

몽땅 연필 마른 볼펜
해묵은 걸 다 버린다

벌집처럼 답답하던
문구 방이 시원하다

넘치는
묵은 욕심도
덜어내면 숨통 틜까

# 선재길 물소리

번뇌의 앓음인가
속세의 신음인가

여울져 쏴아 쏴아
봇살처럼 흘러가며

우통수*
맑은 물소리가
오대산을 깨운다

*우통수(于筒水): 한수(漢水)가 발원한 오대산 서대(西臺)의 물로 물빛과 맛이 특이하고 그 무게 또한 무겁다.

# 금계국

벌 나비 궁한 줄을
어떻게 알았는지

유에스 뒤로하고
한토*에 뿌리 내려

꿀단지
하나 이고서
고픈 생을 부른다

*한토(韓土): 한국 땅

# 강강술래

쿵 쿵쿵 밟아가며
지신을 일깨운다

소원을 손과 손에
다지고 또 다진다

천지를
맷돌 돌리듯
빙빙 돌릴 기세로

# 종소리

세풍(世風)이 종을 친다
모두가 잠 깨라고

억지와 다수결론
바람을 못 막아요

하세월
과오를 알까
댕댕 댕댕 댕댕댕

# 빨래

몸 섞어 때를 빼고
나풀나풀 춤을 춘다

와이셔츠 블라우스
일진불염* 자랑한다

이참에
내 마음의 묵은 때
살랑살랑 씻어 볼까

*일진불염(一塵不染): 모든 게 맑고 깨끗함

# 9

# 김영란법

# 각시원추리꽃

내 얼굴 엿보려고
농막 앞에 서 있을까

눈길 주면 나에게로
방긋이 미소 짓네

한적한
이 농장까지
너 아니면 누가 올까

그토록 급했는지
몸통 없이 꽃대 올려

바람만 불어오면
저희끼리 비벼댄다

단 하루
가슴 연 당신 앞에
종일토록 서고 싶다

# 구제역

내 살맛 탐하며 좁은 감옥 가둬 키워
산불처럼 번져오는 살처분 청천벽력
조상도
생매장하더니
삼족을 매몰한다

항생제 주사 놓아 살찌기만 기다린다
해도 해도 너무해요, 이럴 수가 있나요
우돈(牛豚)이
울부짖는다, 우린
누굴 믿고 살아요?

# 십이월에

이쯤 오니 아쉬움이 파도처럼 밀려온다
쭉정이 눈에 띄고 곡간이 허술하다
이따금
요령 소리가
채찍처럼 들린다

열두 달 돌아쳐도 두지* 하나 못 채우고
설렁한 내 영토에 북풍이 두드린다
새해엔
두둑해지려나
쌀알 같은 눈이 온다

*두지: '뒤주'의 경상도 사투리.
가을에 타작한 곡식을 저장하는 곳

# 바다, 일만 하는

무슨 일 그리 많아 허구한 날 숨이 차나
쉼 없이 거품 물고 온몸을 흔들흔들
뭇 생명
품에 안고서
어르듯이 키운다

산 같은 물결 타고 승군처럼 달려와서
뭍 자락 도장 찍고 퇴근하듯 돌아선다
줄 서서
기다린 운선(運船)
둘러업고 떠나는

# 뜬구름

김삿갓을 닮았는지 정처 없이 떠다닌다
가도 가도 끝없는 길 누구를 찾고 있나
집 없이
떠돌아다니는
하늘나라 방랑자

떠 있는 게 어질한지 서로 안고 뭉쳐 있다
저도 나를 보았는지 남산 위에 머뭇댄다
무심히
치어다보니
어디론가 떠나는

# 노인 교통카드

전철역 검색기가
'찟' 소리 낼 때마다

임 향한 고마움이
가슴에 젖어온다

대대로
물려줘야 할
충효 정신 아닌가

우리보다 잘산다는
선진국에 없는 혜택

오늘도 시동 건다
그대 향한 줄달음을

그 은혜
하늘만 하니
해야 할 일 태산 같다

# 미세 먼지

떠도는 불청객이
안개처럼 자욱하다

숨 쉬면 따라 들어
오장육부 결딴낸다

새들이
목이 아파서
제 장기(長技)를 멈춘다

매연 분진 배기가스
온천지 물들인다

가슴이 답답하고
눈코가 가려운 봄

세상일

돌아가는 것도

한 치 앞이 안 보인다

# 참새의 소통

똑똑똑 쪼아대며
참으로 맛이 있제

어디가 그네 타자
뽀르르 전선 탄다

온종일
재재거려도
돌고 도는 밀어들

옆걸음 걷던 수새
짝한테 소곤댄다

저 숲속 아늑한데
둘이서 퍼덕일까

뒹구는

날갯소리가

환청처럼 들린다

# 걸레

다 낡은 육신으로 습지처럼 물에 젖어
구석구석 유람하며 먼지로 배 불린다
당신이
내 곁에 있어
우리 집이 환하다

한 번도 어깨 펴고 살지를 못할망정
청수에 씻긴 몸을 꽉꽉 죄는 절정 있어
땟물을
밥 먹듯 하지만
궂은 세월 견딘다

## 온돌

부르르 풍지 울면
아랫목 손이 간다
칠흑의 감옥에서
남에게 온기 주네
숯처럼
뜨겁다가 차다가
밤새는 줄 모른다

숨결도 죽인 채로
얼굴 한 번 안 보인다
온밤을 뒤척여도
꿈적 않는 화석 같다
하지만
당신이 있어
굽은 허리 펼친다

# 그 고운 손

한식집 방문 앞에 갓신이 어지럽다
신년회 마친 문인 새처럼 문턱 선다
앞장서
나온 여인이
댓돌 위에 놓아준 신

한 번도 연인처럼 걸은 적 없는 그녀
내 발 집 알아낸 게 묘하고 궁금하다
머리를
짜면 짤수록
콩콩 뛰는 내 가슴

# 운곡 선생을 그리며

꽃 자리 뒤로하고 치악산 정기 받아
산수로 풍진 씻고 운곡시사* 지으셨다
절절이
별로 떠올라
원주 하늘 밝힌다

세상이 기울어도 대쪽 같은 불사이군
그 충절 북소리가 둥둥둥 울려온다
온누리
산울림 되어
일깨우는 송죽 절개

*운곡시사(耘谷詩史): 시 1,144수가 실린 문집

## 소래포구에서

바람을 쐬고 싶어 바닷가에 홀로 선다
물결이 물결 따라 출렁출렁 밀려온다
수평선
저 너머에서
다가오는 그리움

수조를 떠나려는 전어가 돌고 돌고
제 고향 못 잊어서 광어도 팔딱팔딱
활기가
넘쳐 흐르네
갈매기도 오락가락

# 데이터

얼굴 없는 노른자위 공기처럼 유랑한다
잘 잡으면 부유하고 응용하면 가치 상승
그 보물
잘 부리는 이, 온 누리를 끌고 간다

구글이 그 자료로 바둑왕전 이겨내고
로봇도 학습시켜 인간처럼 부리는데
내일의
고개 고갯길 당신 딛고 넘었으면

## 모과

울퉁불퉁 못생겨도
속으로 분칠한다

묵향처럼 풍겨오는
은근한 마음 향기

이처럼
살가운 사람
어디 가야 만나 보나

주먹만 한 몸이지만
시류를 알고 산다

피부도 속 살결도
노랗게 익어간다

어르신

만나기 힘든

우리네 힘든 세상

## 병신년(丙申年) 소원

날자, 새야 새야
새 아침에 날개 펴자

어둠이랑 사려 먹고
햇빛에 길을 물어

오대양
육대주에로
날갯짓을 하자구나

침체의 수렁에서
잠든 이 일깨워서

망치 소리 고동 소리
울려 퍼진 방방곡곡

또 한 번

날자, 새야 새야

원숭이의 지혜로

## 김영란법

오천만 가슴속에 군불 때던 나눔인데
웬일로 사슬까지 만들어 옥죄는지
갈수록
사막화하는
마음밭이 수런댄다

이사 오면 떡 돌리는 우리네 미풍이요
이웃에 베푸는 건 꽃보다 고운 심성
대대로
계승하여 온
가훈 같은 도덕이다

그대와 먹은 밥값 각자 내기 어색하다
몇몇 도적 잡으려고 온 강산 다 태운다
빗나간
화살촉 하나
거둘 길이 없구나

장병선 시조집
물의 노래

2021년 12월 05일 초판 인쇄
2021년 12월 10일 초판 발행

지은이 / 장병선
발행인 / 강병욱

발행처 / 도서출판 교음사

03147 서울 종로구 삼일대로 457 수운회관 1308호
Tel (02) 737-7081, 739-7879(Fax)
e-mail / gyoeum@daum.net

등록 / 제2007-000052호

* 잘못된 책은 바꾸어 드립니다. 값 15,000 원

ISBN 978-89-7814-843-6 03810

경기도 경기문화재단 GyeongGi Cultural Foundation

이 도서는 '경기도'와 '경기문화재단'의 '2021 경기도 문학분야 원로예술인 창작활동 지원사업' 지원을 받아 제작되었습니다.